Alexander Thomas Kreutzer

Qualitätsmanagement in der Sozialen Arbeit

Chance und Schicksal der Sozialen Arbeit im Fokus Qualität

GRIN Verlag

Bibliografische Information der Deutschen Nationalbibliothek:

Die Deutsche Bibliothek verzeichnet diese Publikation in der Deutschen National-
bibliografie; detaillierte bibliografische Daten sind im Internet über http://dnb.d-
nb.de/ abrufbar.

Impressum:

Copyright © 2013 GRIN Verlag GmbH
Druck und Bindung: Books on Demand GmbH, Norderstedt Germany
ISBN: 978-3-656-43738-3

Dieses Buch bei GRIN:

http://www.grin.com/de/e-book/214150/qualitaetsmanagement-in-der-sozialen-
arbeit

GRIN - Your knowledge has value

Der GRIN Verlag publiziert seit 1998 wissenschaftliche Arbeiten von Studenten, Hochschullehrern und anderen Akademikern als eBook und gedrucktes Buch. Die Verlagswebsite www.grin.com ist die ideale Plattform zur Veröffentlichung von Hausarbeiten, Abschlussarbeiten, wissenschaftlichen Aufsätzen, Dissertationen und Fachbüchern.

Besuchen Sie uns im Internet:

http://www.grin.com/

http://www.facebook.com/grincom

http://www.twitter.com/grin_com

SRH Hochschule Heidelberg

Staatlich anerkannte Fachhochschule der SRH Hochschulen gGmbH

STUDIENARBEIT

Thema: QUALITÄTSMANAGEMENT IN DER SOZIALEN ARBEIT. CHANCE
UND SCHICKSAL DER SOZIALEN ARBEIT IM FOKUS QUALITÄT.

Fach: *Professionalisierung und Berufsethik der Sozialen Arbeit*

Vorgelegt von: *Alexander Kreutzer*

Heidelberg, den 18.01.2013

EINLEITUNG 1

1. ZUM GRUNDVERSTÄNDNIS DER QUALITÄTSDEBATTE 3

2. HISTORISCHE NOTIZ/ ENTWICKLUNG DER SOZIALEN ARBEIT IN PHASEN 4

3. DER BEGRIFF QUALITÄT 6

   3.1 EBENEN DER QUALITÄT 6

4. ZUR BEDEUTUNG VON QUALITÄTSMANAGEMENT 9

   4.1 QM- ANLIEGEN: MESSEN VON QUALITÄT 9

   4.2 QM-SYSTEME (BEISPIELE) 10

   4.2.1 DIN EN ISO 9000FF 10

   4.2.2 EFQM 12

   4.2.3 BENCHMARKING 13

   4.2.4 INTERNE EVALUATION / SELBSTEVALUATION 14

5. QM- EIN PATENTREZEPT? 16

6. PROFESSIONALITÄT DURCH ZUSAMMENSPIEL ORGANISATION/FACHKRAFT 16

7. CHANCEN UND RISIKEN VON QM FÜR DIE SOZIALE ARBEIT 17

   7.1 CHANCEN 17

   7.2 RISIKEN 18

8. Fazit 20

Literaturverzeichnis 22

EINLEITUNG

Qualität ist, seit der Hochkonjunktur dieses Begriffes, nicht nur als ein bedeutungsvoller Umstand in der Sozialen Arbeit anzusehen, vielmehr hat sich jene prägend für die Einrichtungen der Sozialen Arbeit erwiesen. Im Kontext der ökonomischen Zwänge durch sozialpolitische Einsparungen auf Träger und Einrichtungen, ist Qualität aktueller denn je worden. Zudem hat sich der Druck auf jene soziale Dienstleistungsanbieter zunehmend erhöht. Marktrelevante Bedingungen fordern öffentlich legitimierte Angebote und eine höhere Leistungsqualität, denen die aktuellen Dienstleistungsanbieter im „Zeichen der Zeit" gerecht werden müssen. Mit der Umsetzung solcher Anforderungen tun sich viele Einrichtungen der Sozialen Arbeit immer noch schwer, weil die in der Industrie entwickelten Qualitätsstandards schwer auf die Soziale Arbeit übertragbar sind. Der Entwicklungs- bzw. Erprobungsstand methodisch- fachlicher Praktiken für das Qualitätsmanagement (QM) ist noch nicht sehr weit fortgeschritten (Vgl. Merchel, S.7, 2001).

Im „Hier und Jetzt" steht ganz klar nicht mehr die Quantität der Leistungen der Sozialen Arbeit, sondern die Qualität. Neben der geforderten staatlich kontrollierten Transparenz der Leistungen im Sinne der Dokumentation, rücken vermehrt verbindliche Qualitätsstandards in den Vordergrund. Einrichtungen mit kostenintensiveren Arbeitsfeldern, wie z.B. die Bereiche Alten-, Behinderten- und Erziehungshilfe werden dadurch, dass der Gesetzgeber konkrete Nachweise einfordert, verstärkt dokumentiert. Dadurch liegen mehr empirische Befunde über die Qualität Sozialer Arbeit vor, als in anderen Bereichen. Die Sozialarbeiterische Praxis muss mehrdimensional betrachtet werden, um überhaupt Nachweise über das Gelingen einer solchen zu erbringen. Es wird dazu angehalten die Thematisierung des Begriffes Qualität keinesfalls als neologistisch anzusehen, sondern darauf verwiesen die Entwicklung historisch zu betrachten. Die Entwicklung zeichnet sich vor allem, zeitlich eingegrenzt, in den Epochen vom Nachkriegsdeutschland bis heute ab. Die großzügig ausgestattete wohlfahrtsstaatliche Organisation wird demnach zunehmend zur wettbewerbsfähigen, vom Markt gesteuerten und effizienten Einrichtung umfunktioniert (Vgl. Flösser, 2005) In wieweit ist diese Entwicklung als schicksalhafte Begleiterscheinung anzusehen und in wie fern kann diese Entwicklung als Chance bzw. Schub für eine professionalisierte Soziale Arbeit verstanden werden? Lässt sich Qualität in der Sozialen Arbeit verändern

und darstellen? Können die Modelle des Qualitätsmanagements die eigentliche Güte der Dienstleistungsproduktion erhöhen oder nehmen diese zu wenig den humanen Aspekt der Dienstleistung auf?

Diesen Fragen soll im Zuge dieser Studienarbeit näher beleuchtet und auf den Grund gegangen werden. Da der Umfang dieser Studienarbeit begrenzt ist und sich in der Fachliteratur ein überaus großes Angebot zum Thema Qualitätsmanagement finden lässt, wird sich in dieser Studienarbeit auf die wesentlichen Zusammenhänge von QM in der Sozialen Arbeit konzentriert. „Wesentlich" hängt von der Subjektivität des Verfassers und Lesers ab und kann nach der inhaltlichen Strukturierung dieser Studienarbeit divergieren. Diese Studienarbeit hält dazu an, die Implementierung von QM in die Soziale Arbeit multiperspektivisch zu betrachten und zu reflektieren.

1. ZUM GRUNDVERSTÄNDNIS DER QUALITÄTSDEBATTE

In den meisten Branchen und Arbeitsfeldern wird der Fokus auf ein gutes Ergebnis gelegt. Qualität steht dabei oft im Vordergrund. Nach der Güte der erbrachten Leistungen wird ein Unternehmen immer mehr gemessen und bewertet. Handlungsweisen, Handlungsverfahren und Handlungsergebnisse sollen demnach stärker optimiert werden und transparenter gemacht werden, so dass es den Beteiligten und Interessenträgern möglich wird über Qualität zu debattieren. „Qualität regelt, wie Entwicklungen geplant, durchgeführt, geprüft und bewertet werden sollen." (Kuhn-Friedrich, 2011, S.686)

Es bleibt kein großes Phänomen, dass sich die Forderung nach einer intensiveren Ausrichtung der Sozialen Arbeit am Qualitätsbegriff immer stärker verfestigt. Um Qualität zu steigern, werden derzeit Dialoge zwischen Leistungsträgern und Leistungserbringern geführt, die auf Grundlage von Qualitätsberichten (Dokumentationen) geführt werden (Vgl. Kuhn- Friedrich, 2011, S. 686). Ebenso sollte die entsprechende Institution in der Lage sein, Probleme und Fehler zu beheben, um sich professionell weiterzuentwickeln. In wie weit Qualität in der Sozialen Arbeit messbar und beeinflussbar ist, sei dahingestellt. Jedoch gibt es sicher Möglichkeiten und Grenzen, die Arbeit in einem „gesunden" Rahmen zu verbessern. Die Soziale Arbeit als Profession, muss sich zunehmend den Legitimationsanforderungen der Öffentlichkeit stellen und nicht nur Professionalität im fachlichen Sinne beweisen, sondern auch vermehrt zweckentsprechend und wirtschaftlich agieren. Die Diskussionen im Kontext von sozialpolitischen, rechtlichen und ökonomischen Rahmenbedingungen tragen dazu bei, sich mit dem Thema Qualität in stärkerem Maße zu befassen. Drei Aspekte sind dabei hervorzuheben (Vgl. Merchel, 2001, S.15):

- Die *sozialpolitische Forderung* eines Nachweises über die Wirksamkeit Sozialer Arbeit
- Die *ökonomische Forderung* nach Effizienz und Effektivität der sozialen Einrichtungen und der damit einhergehenden Platzierung von betriebswirtschaftlichem Handeln
- Die *rechtliche Forderung* durch Verankerung von Qualität in Sozialgesetzen (z.B. SGB V, SGB III, SGB XI, BSHG, KJHG, SGB VIII)

Demnach ist die Entwicklung von methodisch- fachlicher Qualität und der „Ruf" nach fachlichen Standards und professionellem Handeln, nur im Kontext dieser zusätzlichen Aspekte zu bewerkstelligen. Qualitätsmanagement ist also nicht nur im Kontext methodisch- fachlicher Qualität zu verstehen, sondern umfasst ganzheitlich „...das Festlegen der Qualitätspolitik, der Qualitätsziele, die Qualitätslenkung, die Qualitätssicherung und die Qualitätsverbesserung." (Kuhn- Friedrich, 2011, S.685)

Im Folgenden wird beleuchtet, weshalb Qualität historisch betrachtet, überhaupt aktueller denn je geworden und einen Zeitgeist widerspiegelt, der heute kaum mehr wegzudenken ist. Welche Bedeutung das Qualitätsthema für die Soziale Arbeit hat, wird in den nächsten Kapiteln erklärt und bewusst fachlich reflektiert.

2. HISTORISCHE NOTIZ/ ENTWICKLUNG DER SOZIALEN ARBEIT IN PHASEN

Um zu verstehen, weshalb das Thema Qualität überhaupt Einzug erhalten hat, muss die Entwicklungsgeschichte der Sozialen Arbeit kurz dargestellt werden. Hierzu werden im Folgenden die einzelnen Phasen grob skizziert, um die Hintergründe der anhaltenden Qualitätsdebatte besser nachzuvollziehen.

Die Entwicklungsgeschichte der Sozialen Arbeit lässt sich in vier Phasen einteilen (Vgl. Flösser 2001, zit. n. Flock 2003, S. 2):

Phase 1: *Nachkriegsdeutschland* Diese Phase beschreibt den Aufbau sozialer Einrichtungen mit dem Ziel einer Verbesserung der Versorgung benachteiligter Bevölkerungsgruppen. Die sozialen Einrichtungen wurden flächendeckend über das gesamte Bundesgebiet aufgebaut. Stichwort: Sozialpolitische Grundversorgung. Dabei wurde die Qualität an der Quantität (also der Anzahl der Einrichtungen) gemessen.

Phase 2: *Expansions- und Konsolidierungsphase.* Weiterer Aufbau der Einrichtungen durch Festschreibungen von Verfahren und Festlegungen von Minimalstandards (organisatorische Ausstattung usw.). Stichwort: Berichterstattungspflicht

Phase 3: *Professionalisierung der Sozialen Arbeit (Anfang der 70-er).* „Die Phase des immensen Ausbaus sozialer Dienstleistungssysteme..." (Albert, 2006, S.50). Die wissenschaftliche Ausrichtung der Sozialen Arbeit steht in dieser Phase im Vordergrund und begründet mehr und mehr ihren Anspruch auf eine eigenständige Profession.

→qualifizierte, wissenschaftliche Ausbildung „mit dem Ziel der rationalen, fachlich begründeten Problembearbeitung" (Flock, 2003, S.2) Die Klienten (Adressaten) werden stärker als selbsthilfebefähigte Partner angesehen → Neue Fachlichkeit, „Vom Helfer zur helfenden Beziehung" (Vgl. Flock, 2003, S.2)

Phase 4: *Postindustrielle Phase (Anfang der 90-er)*. Einzug von ökonomischen Faktoren in die Soziale Arbeit. Sparzwänge und stärker induziertes wirtschaftliches Denken, aufgrund verstärkter Globalisierung (Deutschland wird mehr als Wettbewerbsstaat gesehen), Staatsverschuldungen, Zunahme spezifischer Problemlagen. Inhaltlich-fachliche Standards werden weiter entwickelt (Vgl. Flock, 2003, S.2). „Ökonomie, Effizienz und Kostenersparnis wurden zu gesellschaftlichen Leitbegriffen und fanden direkten Einzug in die Professionalisierungsdiskussion." (Albert, 2006, S.51)

Zusammenfassend können alle diese Phasen als *Paradigmenwechsel*, von quantitativ geprägten, hin zu qualitativ ersetzten Aufgabenstellungen, gesehen werden. Die Krise des Wohlfahrtsstaates ist als ein Grund dafür zu nennen. Im Kontext der Globalisierung, versucht Deutschland als Wettbewerbsstaat sein Kontrollbedürfnis der Einrichtungen zu verschärfen, dabei steht der gesellschaftliche Nutzen im Vordergrund. Hinzu kommt, dass die Einrichtungen der Sozialen Arbeit dazu angehalten sind, öffentliche Mittel mit zunehmendem Druck zu legitimieren. Dabei müssen die Einrichtungen sich von innen heraus nach außen hin verbessern (effizienter wirtschaften, organisierter agieren, Steuerbarkeit verbessern etc.). Dies alles sind grundlegende Aspekte des Qualitätsmanagements die untrennbar zusammengehören und mit dem Hintergrund der Ökonomisierung der Sozialen Arbeit zu verstehen sind. Die Ökonomisierung, mit der einhergehenden „Neuen Steuerung", der wettbewerbsfähigen Institution, den mit den öffentlichen und freien Trägern vereinbarten Leistungen und der Orientierung an Projekten, birgt zudem einerseits Gefahren für die Soziale Arbeit, kann aber auch andererseits als Chance für eine professionalisierte Sozialarbeiterische Praxis umgedeutet werden. Ebenso kann die diskursive Umstellung von Quantität auf Qualität einen Professionalisierungsschub für die Soziale Arbeit auslösen (Vgl. Flock, 2003, S. 2ff).

Was genau aber bedeutet nun Qualität und wie ist sie auf die Soziale Arbeit transportierbar?

3. DER BEGRIFF QUALITÄT

„Der Begriff Qualität kann deskriptiv oder normativ abgegrenzt werden. Als neutraler Begriff wird unter Qualität die Summe aller Eigenschaften eines Objektes, Systems oder Prozesses verstanden. Die Qualität gibt an, in welchem Maße ein Produkt- Ware oder Dienstleistung- den bestehenden Anforderungen entspricht." (Reimann, 2012, S.59) In Bezug auf die Soziale Arbeit handelt es sich in diesem Falle um eine Dienstleistung, die anforderungstechnisch vorerst definiert werden muss. Je nach Arbeitsfeld variieren die Anforderungen. Flock (2003) stellt folgende Definition auf: „Qualität stellt keine objektive Größe dar, sondern Qualität ergibt sich aus der Übereinstimmung zwischen den Erwartungen hinsichtlich einer Leistung und der tatsächlich erbrachten Leistung." Hierbei wird deutlich, dass Qualität sich mit der Erwartungshaltung „von außen" (Beispielsweise: Staat, Institution, Vorgesetzter, Klient etc.) und der tatsächlich erbrachten Dienstleistung decken muss, um dadurch Qualität zu erzeugen. Das Problem dabei ist, dass sich die Erwartungshaltungen oftmals unterschiedlich definieren. Qualität kann insofern als „schwimmend, ungleich verteilter Begriff" verstanden werden. Soziale Arbeit ist nicht nur eine von Abhängigkeiten bestimmte Profession, die eine Gratwanderung im institutionellen, staatlichen, humanitären und fachlichen Rahmen vollführen muss, sondern auch im Kontext von unterschiedlichen Qualitätserwartungen gefordert, multiperspektivische Konzepte zu entwickeln (Flock, 2003, S, 2ff). In diesem Zusammenhang will das Qualitätsmanagement ansetzen und versuchen Standards vorzugeben. Nur inwiefern lassen sich dabei Standards entwickeln? Soziale Arbeit befasst sich teilweise mit hochkomplexen Problemthemen, die dieser Standardisierung entgegen wirken. Also auf welchen Ebenen ist Qualität überhaupt zu betrachten?

3.1 EBENEN DER QUALITÄT

Um den Qualitätsbegriff, der hochkomplex zu betrachten ist, pragmatisch zu beschreiben, erscheint eine Einordnung in verschiedene Ebenen sinnvoll. Donabedian hat Qualität hierfür, Anfang der 80-er in den USA, in Struktur-, Prozess- und Ergebnisqualität unterteilt, was sich bis heute durchgesetzt hat (Vgl. Merchel, 2001, S. 39).

Strukturqualität bezieht sich auf organisationsspezifische Rahmenbedingungen und die Ausstattung, über die die Einrichtung verfügt. Im Fokus der *Prozessqualität* steht die Beschaffenheit der Aktivität, die zum Erreichen des Zieles vorhanden und notwendig ist. *Ergebnisqualität* beschreibt den erzielten Endzustand, der entweder sichtbar erfolgreich oder auch zum Misserfolg führen kann (Vgl. Merchel, 2001, S. 39)

„Schließt man sich der üblichen Unterscheidung von Strukturqualität, Prozessqualität und Ergebnisqualität an, so ist offensichtlich, dass Standards am einfachsten im Hinblick auf die Strukturqualität oder, auf die Potentialqualität zu erstellen sind." (Braun, 2004, S. 39)

Die Entwicklung von Standards auf der Ebene *Strukturqualität* spricht, zum Beispiel die Ausbildung des Personals, die Ausstattung von Räumlichkeiten, Öffnungszeiten etc., an. Die Potentialqualität des Anbieters der Dienstleistung kann sich demnach erhöhen. Was aber wenn die Potentialqualität des Anbieters von der des Nachfragers abhängig ist? Die KlientInnen sind als Koproduzenten der Dienstleistung anzusehen, weil sie maßgeblich an der Qualitätsentwicklung Einfluss nehmen. Auf der Ebene *Prozessqualität* können zwar Standards im Hinblick auf Dokumentation und Evaluation oder die Dauer zum Beispiel eines Beratungsgespräches festgelegt werden, jedoch muss dieser Ansatz äußerst kritisch betrachtet werden, weil darin weniger psychosoziale Aspekte mitschwingen (Braun, 2004, S.39)

Beispiel: Ein Alkoholabhängiger muss einer Therapie einwilligen, Hilfestellungen in Beratungssettings erfordern die Darlegung der momentanen Situation, Langzeitarbeitslose sollten ihrer Mitwirkungspflicht nachkommen und sich selbständig bemühen Arbeit zu finden. Interaktion erfordert demnach die Integration der Klienten in den situativen Kontext. Dies wiederum wirkt sich auf die Qualität an sich aus. Die Frage ist, sollen SozialarbeiterInnen, zum Beispiel, eine weinende Frau, die gerade ihr Kind verloren hat und deren Hilfebedarf höher ist, nach 20- 30 Minuten nach Hause schicken, obwohl ihr Beratungsbedarf vielleicht höher ist, als in anderen Settings, nur weil es die Standards so vorschreiben? Können tun sie das vielleicht schon, aber ist das noch im Sinne einer professionellen Sozialen Arbeit anzusehen? Anteilnahme, Empathie, Wertschätzung sind nur nebenbei zu erwähnen. Diese Aspekte bestimmen doch ebenso das Qualitätsurteil des Klienten. Zeitliche Standards können hierbei

Humanität verhindern. Humanität kann ein Qualitätsmerkmal einer Einrichtung sein. Wenn der Klient zum Kunden wird, ist er demnach auch Entscheidender und Pol bei der Wahl seiner Einrichtung, die er als Hilfesuchender besuchen will, anzusehen. Vertrauen aufbauen erweist sich hier, besonders in der Sozialen Arbeit als einen wirklich bedeutsamen Schlüssel für die Definition von Qualität. Ebenso lässt sich die *Ergebnisqualität* in sozialen Einrichtungen nur begrenzt durch Standards beeinflussen. Weil wiederum das Ergebnis vom Klienten/in bzw. seiner/ ihrer Persönlichkeitsstruktur, seinem Leben und Verhalten abhängt (Vgl. Braun, 2004, S. 39) Zum Beispiel ist eine Wiedereingliederung in den ersten Arbeitsmarkt nur dann möglich, wenn der oder die Betreffende den Willen dazu zeigt. Die Folge- oder Ergebnisqualität (Outcome/ Output) ist also wenig beeinflussbar, dadurch dass ebenso situative Umstände eine größere Rolle spielen, zum Beispiel wie die Lage auf dem Arbeitsmarkt ist oder auch wenn sich auf Ressourcen konzentriert wird. Hinzu kommt, dass Einfluss auf die Verfügbarkeit von HelferInnen im sozialen Nahraum genommen werden kann (Vgl. Braun, 2004, S.40). Durch das Setzen von Standards in Struktur- und Prozessqualität kann demnach die Ergebnisqualität nur teilweise beeinflusst werden. Die KlientInnen nehmen mehr die Prozessqualität, beispielsweise ein Beratungsgespräch im Migrationsdienst, als die für sie angenommene Qualität, wahr. Qualität wird folglich durch die KlientInnen über persönliche Erfahrungen und Vorstellungen geprägt, d.h. die KlientInnen tragen die Erfahrung, ob positiv oder negativ, an den Bekanntenkreis weiter. Demnach kann, wie in anderen Dienstleistungen, eine Negativerfahrung weiteraus verheerendere Folgen haben, als die Positive. Mit Negativerfahrung könnte gemeint sein, dass KlientInnen sich auch von einer Institution abwenden können, wenn sie sich „abgefertigt" vorkommen, weil für den eigentlichen Hilfeprozess zum Beispiel weniger Zeit zur Verfügung steht. Dies geschieht einzig und allein aus deren Wunsch- und Wahlrecht. In der Praxis, kann folglich stärkere Dokumentation, mit dem Ziel höhere Qualität zu erzielen, ebenso genau entgegengesetzt wirken. Der Blickwinkel ist entscheidend, der dabei eingenommen werden muss. Dies soll aber nicht dazu führen, die Qualitätsorientierung auf der Ebene Struktur- und Prozessqualität zu vernachlässigen, sondern vielmehr mit dem Blick auf die KlientInnen zu kombinieren. „Gutes QM" muss sich folglich ebenso an den Wünschen der KlientInnen orientieren. „Struktur und Prozessqualität determinieren nicht das Ergebnis, sie setzen aber Rahmenbedingungen für die Ergebnisqualität." (Braun, 2004, S.41)

4. ZUR BEDEUTUNG VON QUALITÄTSMANAGEMENT

Nach vorangegangenen Schilderungen sollte klarer geworden sein, auf was Qualitätsmanagement abzielt und welche Ziele bewusst gesetzt werden müssen. Folgende Definition kann zur näheren Bestimmung verwendet werden: „Qualitätsmanagement ist ein Prozess, durch den methodische Konzepte und Strukturen sozialer Einrichtungen bedarfsgerechter für eine bestimmte Zielgruppe gestaltet und in ihren Handlungsfeldern wirtschaftlicher und effizienter umgesetzt werden." (Flock, 2003, S.1) Angesichts der formalen Bedingungen und der Verankerung des Qualitätsthemas in die Soziale Arbeit, wird das Sozialmanagement im Sinne der Qualitätsentwicklung vor eine große Herausforderung gestellt. „Qualitätsmanagement ist gleichermaßen zu einer Herausforderung für die fachliche Arbeit in engerem Sinne wie auch zu einem speziellen Aufgabenbereich des Sozialmanagements geworden." (Merchel, 2002, S.7)

Im literarischen Sprachgebrauch werden oft unterschiedliche Begriffe wie Qualitätssicherung, Qualitätsentwicklung, Qualitätsprüfung verwendet oder allgemein umfassend von Qualitätsarbeit gesprochen. Diese Begriffe stehen im Kontext ihres Zieles jedoch alle im Gleichklang. „Der Begriff Qualitätsmanagement kann als ein gegenüber Nuancierungen relativ unabhängiger und neutraler Oberbegriff für alle qualitätsrelevanten Tätigkeiten angesehen werden..." (Merchel, 2002, S.9) Konzepte und Modelle im QM der Sozialen Arbeit sollen also dazu dienen die Prozesse zu vereinfachen, sie zu strukturieren, um dadurch höheren Output zu erzielen.

Welche Verfahren und Methoden gibt es beim QM, bzw. für was sind welche überhaupt notwendig und inwieweit kann Qualität überhaupt messbar sein?

4.1 QM- ANLIEGEN: MESSEN VON QUALITÄT

„Messen und Vergleichen sind zentrale methodische Bezugspunkte beim Qualitätsmanagement, und bevor man sich den methodischen Konzepten zuwendet und Verfahrensweisen für die Praxis der Qualitätsentwicklung erarbeitet, sollte man sich über Optionen und Grenzen des Messen und Vergleichens bewusst werden." (Merchel, 2003, S. 52)

Transparenz ist hier das wichtigste Stichwort. Ohne Transparenz können keine tragfähigen Konzepte erarbeitet werden und bleiben reine Theorien oder vage Vermutungen. Die „Wirklichkeit" muss also auf empirischen Daten basierend sichtbar gemacht werden, was nach wissenschaftlichen Maßstäben den üblichen Vorgang beschreibt. Messen ist, wie es Merchel (2003) schildert, nicht dem Vergleichen gleich zu setzen, sondern ist mit einer „höheren Exaktheit" verbunden. Über „Kennzahlen" zum Beispiel soll die soziale Wirklichkeit eingefangen werden, wobei hingegen „Richtwerte" Bedarfe und Planungsziele normieren und objektivieren (Vgl. Merchel, 2003, S.55).

Kennzahlen, die Ergebnisse messbar machen sollen, sind einerseits notwendig, jedoch auch ebenso kritisch zu betrachten. Viele Ergebnisse lassen sich nicht in Zahlen abbilden, wie zum Beispiel der „Respekt vor der Einzigartigkeit der Klienten unter Berücksichtigung ihrer Sinnstrukturen" (Welter-Enderlin/ Hildenbrand 1996, zit. n. Merchel 2003, S. 56)

Dabei wird deutlich, dass sich pädagogische Prozesse nicht technologisieren lassen, ebenso sind die Abbildungen von Kennzahlen im Prozess keine umfassende Definition komplexer Verhältnisse.

4.2 QM-SYSTEME (BEISPIELE)

Viele QM- Systeme, wie beispielsweise DIN EN ISO 9000ff oder EFQM, klingen nach hoch technologisierten Konzepten, die methodische Vorgehensweisen darstellen und verbessern sollen. Um den Umfang dieser Studienarbeit nicht zu sprengen, werden im Folgenden nur die wesentlichen Grundgedanken von vier Systemen beschrieben, dabei wird weniger ins Detail gegangen. Die Absicht besteht mehr darin die Konzeptansätze des QM darzustellen und die Implementierung jener kritisch zu reflektieren.

4.2.1 DIN EN ISO 9000FF.

„DIN EN ISO 9000ff. ist eine international anerkannte Norm zur Gestaltung und Zertifizierung von Qualitätsmanagementsystemen. Die Norm ist auf alle Branchen und alle Organisationsformen anwendbar." (Kohlscheen, 2011, S. 194) So zumindest steht es im Lexikon der Sozialen Arbeit. Aus Globalisierungsgründen heraus versucht diese Norm einheitliche Standards im Hinblick auf die Gestaltung von Managementsystemen

zu schaffen. Zertifizierungen und Vertrauen unter den Vertragspartnern hinsichtlich der Produkte oder Dienstleistungen sollen dies unterstützen (Vgl. Kohlscheen, 2011, S.195).

Die Normenreihe ISO 9000ff. umfasst ursprünglich 20 Elemente, die aus dem industriellen Bereich auf die Dienstleistungslandschaft übertragen wurden. Diese dienen lediglich dazu, das Produkt, in unserem Falle die Dienstleistung, im Herstellungsprozess über definierte Ablaufstandards (als Anhaltspunkt) zuverlässig und erwartbar zu erreichen. Das Problem dabei ist, dass „die Produktqualität als solche nicht bewertet und zertifiziert..." wird „...sondern lediglich die Qualität der Ablaufprozesse." (Merchel, 2003, S.62)

Merchel (2003) macht in diesem Zusammenhang am Beispiel eines „Schwimmrings aus Beton..." der „...implizit als gutes Produkt zertifiziert..." wird, „...weil schließlich nur Prozesse der Fertigung dieses Produktes nach den selbst definierten Prozessstandards beurteilt werde", die Logik der Iso-Zertifizierung fest. QM nach ISO ist eine Beschreibung und Dokumentation der Abläufe und Zustände, die für die Qualitätssicherung wichtig sind. Es dient zur Kontrolle der standardisierten Prozesse und der Vermeidung von Fehlern. DIN EN ISO 9000ff macht Sinn, wenn die 20 Normelemente auf die Soziale Arbeit übertragen werden können.

Pawelleck/ Hillebrand (2000) haben hierfür die Brücke zur Sozialen Arbeit konstruiert, indem sie eine Übersetzung auf am Beispiel der Heimerziehung entwickelten. Das Konzept des QM nach ISO ist sehr umfassend und es werden alle wesentlichen Prozesse und Abläufe mit einbezogen, dadurch kann das Qualitätsversprechen eher eingelöst werden, ziehen aber auch einen erheblichen Aufwand für die Mitarbeiter mit sich. Prozesse werden zum Beispiel überprüfbarer und strukturierter, Zielformulierungen werden klarer, die Nachvollziehbarkeit ist für Mitarbeiter und Kooperationspartner gegeben oder eine Orientierung ist möglich. Jedoch kann dies ebenso zum Verlust der Autonomie und der Flexibilität des einzelnen Mitarbeiters führen. Außerdem können bürokratische Erstarrungen einhergehen. Dadurch, dass sich auf Standards konzentriert wird die eigene Reflexion der Standards ebenso erschwert. Verfahrens-standardisierungen bürokratisieren folglich die Einrichtung und vermeiden eher „das Aufkommen eines Klimas für lebendiges Organisationslernen." (Merchel, 2003, S. 70)

4.2.2 EFQM

EFQM (European Foundation für Quality Management), gegründet Ende der 80-er, bezeichnet „…eine Organisation, die sich insbesondere die Förderung der Wettbewerbsfähigkeit europäischer Unternehmen Organisationen zum Ziel gesetzt hat." (Zink/ Seibert, 2011, S. 204) EFQM vergibt seit 1992 jährlich Preise, wie den European Quality Award (EQA), übersetzt europäischer Qualitätspreis, der 2006 in den Excellence Award (EEA) umbenannt wurde. Diese Preise erhalten Unternehmen, die entweder besonders gewinnorientiert oder aber auch hervorragende Leistungen im sozialen Sektor erbringen. Diese werden an den erfüllten Erwartungen der KundInnen, MitarbeiterInnen und anderen Interessengruppen gemessen. Der Qualitätsgedanke steht dabei stets im Vordergrund. Hierfür wurden Bewertungsmodelle entwickelt, die als Grundlage für die Preisvergabe dienen. Das Modell beinhaltet neun Kriterien, die alle Gesichtspunkte eines Unternehmens erfassen und stellen die Verbindung zum Erreichen des Ziels über „…kunden-, mitarbeiter-, aber auch gesellschaftsbezogene Einflussgrössen…" (Zink/ Seibert, 2011, S.204) her. Im Fokus stehen hierbei exzellente Ergebnisse, wie in unserem Falle der Dienstleistung, die über die Führungsebene erreicht werden sollen. „Die ersten fünf Kriterien werden als Befähiger bezeichnet und beschreiben die Voraussetzungen des Erfolgs. Bei den übrigen vier handelt es sich um Ergebnis-Kriterien, die über den Erfolg der Organisation Auskunft geben." (Zink/ Seibert, 2011, S.204) Über 32 Teilkriterien werden die neun benannten Kriterien konkretisiert. Das EFQM Modell ist als Selbstbewertungsmodell zu verstehen und soll durch ständiges Messen und kritisches Reflektieren, dem Erkennen von Stärken und Schwächen, nach vorgegebenem System den kontinuierlichen Verbesserungs- und Lernprozess ermöglichen (Vgl. Zink/ Seibert, 2011, S.204f).

Wie auch beim DIN EN ISO 9000f. Modell bezieht sich das EFQM Modell weniger auf die spezifische Struktur von den sozialen Dienstleistungen. Die KlientInnen werden mehr als „KundInnen" betrachtet, wie auch als Konsumenten. Dabei muss ebenfalls der Blick auf die Tatsache gerichtet werden, dass die KlientInnen als Koproduzenten der Dienstleistung erheblichen Einfluss auf die Ergebnisqualität nehmen. Dies verweist auf die Notwendigkeit „…einer sorgfältigen handlungsspezifischen Übersetzung…" (Merchel, 2003, S.83) der standardisierten Kriterien.

4.2.3 BENCHMARKING

Benchmarking bezeichnet „...diejenigen Ansätze des Qualitätsmanagements..., die den systematisierten Vergleich mit anderen Organisationen oder den Vergleich verschiedener Organisationssegmente zum Ausgangspunkt für eine kritische Erörterung des Qualitätsstandards der eigenen Organisation machen..." um daraus „...strategische Entscheidungen zur Qualitätsverbesserung..." (Merchel, 2003, S. 83) abzuleiten. Benchmarking zielt also, dem Wortlaut *Vergleich* zu folgen, auf Wettbewerbsfähigkeit ab. Über Vergleiche, die entweder intern (also innerhalb der Organisation und vergleichbaren Abteilungen, Gruppen oder Teams) oder extern (mit anderen vergleichbaren Organisationen) gestaltet werden und sowohl quantitativ und qualitativ erhoben werden können, ist es möglich angemessene Impulse für die Verbesserung der Qualität zu erreichen. Da die Qualität nicht auf Grundlage von festgelegten Standards bewertet wird und im Vergleich mit unter ähnlichen Bedingungen aufgebauten Organisationen/ Abteilungen/ Teams etc. erfolgt, erweist sich der Ansatz des Benchmarkings, der in der Sozialen Arbeit nicht neu ist, als methodisch durchaus sinnvoll (Vgl. Merchel, 2003, S. 83ff)

Die einzelnen Verfahrensschritte des Benchmarkings lassen sich nach Merchel (2003) wie folgt darstellen:

- Festlegung der zu vergleichenden Bereiche, Aufgaben oder Prozesse (Art, Umfang und Komplexität)
- Identifizierung von Bewertungskriterien (hierbei werden auch Verbesserungs- vorschläge von Fachkräften mit einbezogen)
- Auswahl der Vergleichspartner (nach den Kriterien: Ähnlichkeit, Größe, Komplexität, wichtig ist dabei, den Vergleichsrahmen nicht so klein zu halten, dass keine Vergleichspartner gefunden werden)
- Konstruktion, Auswahl und Anwendung der Vergleichsinstrumente (es müssen Mittel und Wege gefunden werden, die überhaupt eine Vergleich ermöglichen)
- Bewertung der Ergebnisse im Rahmen eines Leistungsvergleichs (Zum Beispiel Stärke- Schwäche Profil, Gründe herausfiltern, Positionierung, Hypothesen aufstellen)

- Planung und Umsetzung von Verbesserungsmaßnahmen (Reflexion, Strukturen und Verfahrensweisen entwickeln, die durch den Impuls der „besseren Organisation" erfolgt)

- Fortschreibung und weitere Durchführung von Benchmarking-Prozessen (Fortschritte dokumentieren, weitere Vergleiche, Entwicklungsdynamik fördern)

Anonymisierte Verfahren des Benchmarking sind auch möglich und stellen in der Öffentlichkeit keine Bereiche oder Unternehmen „bloß". Jedoch werden dabei eher quantitative Größen ins Blickfeld genommen und es besteht keinerlei Möglichkeit in Diskurs zu treten. In nicht- anonymisierten Verfahren können qualitative Vergleiche bereichernd sein, weil die Unternehmen untereinander in Kontakt treten und gemeinsam Verbesserungen erarbeiten. Das Dialogprinzip erweist sich dabei durchaus sinnvoll, erfordert aber auch zumindest die partielle Öffnung gegenüber potentiellen Konkurrenten. Kritisch hingegen ist beim Benchmarking zu erwähnen, dass die Vergleichsverfahren lediglich ein Abbild von Beschreibungen widergeben und nur über anschließende Reflexion eine konkrete Schlussfolgerung abzuleiten ist. Vergleiche können nur mit tatsächlich vergleichbaren Institutionen oder Abteilungen getroffen werden, sonst werden schnell „Äpfel mit Birnen" verglichen. Dies macht eine abschließende Auswertung unmöglich. Es gibt sicherlich Grenzen der Vergleichbarkeit. Abschliessend soll gesagt werden, dass der Ansatz des Benchmarkings, also das Lernen vom Anderen, wenn er über die Gemeinschaft realisiert wird, als ein sich sicherlich positiv auswirkender Faktor anzusehen ist, weil Reflexionsimpulse hervorgerufen werden, die in strukturierter Form an die beteiligten Organisationen herangetragen werden (Vgl. Merchel, 2003, S. 89ff)

4.2.4 INTERNE EVALUATION / SELBSTEVALUATION

„Unter Evaluation versteht man die systematisierte Bewertung des Wertes eines sozialen Gegenstandes (Sachverhaltes, Prozesses) auf der Grundlage empirischer Informationen, die gezielt im Hinblick auf die zugrunde gelegten Bewertungskriterien erhoben worden sind." (Merchel, 2003, S. 96) Evaluation kann sowohl extern, als auch intern (von Mitgliedern der zu evaluierenden Institution) gesteuert werden. Bei der internen Evaluation, im Gegensatz zur externen, die weniger mit dem handlungsspezifischen Praxisalltag zu tun hat, werden empirische Befunde von der

Praxis für die Praxis bereitgestellt. Wichtig erscheint dabei die entscheidende Praxisnähe. Dabei kann über handlungsbezogene Praxisforschungen die eigene Arbeit methodisch weiterentwickelt werden. Da bei der Selbstevaluation die Bewertung von Praxis zugrunde liegt, führt dies automatisch zur Frage inwieweit die Konzepte und Instrumentarien für die Praxis nutzbar gemacht werden können. Der Ablauf der internen Evaluation gliedert sich in *drei Phasen* (Vgl. Merchel, 2001, S. 99):

- *Die Aushandlung des Evaluationsplanes* (Zielsetzung bzw. Formulierung, Eingrenzung des Untersuchungsbereiches, Nutzung und Umgang, Beteiligte, Verantwortliche etc.)

- *Die Gewinnung von Informationen und Erkenntnissen* (Kategorisierung durch Indikatoren, Instrumentarisierung und Überprüfung derer, Konstruktion von Auswertungsschemata, Zusammenführung der Daten etc.)

- *Die Ergebnisvermittlung* (Bewertung und Interpretation der Untersuchung, Schlussfolgerungen, Anwendbarkeit, Präsentation und inhaltliche Ausrichtungen, Rückmeldung gegenüber Dritten etc.)

Das sogenannte *S.M.A.R.T Prinzip* hilft hierbei konkrete Ziele zu formulieren und dient als eingängige Formel:

- *S= Spezifisch*: Konkrete Ziele (Zum Beispiel für bestimmte Personengruppen, Räume, Bedingungen etc.)
- *M= Messbar*: Beobachtbarkeit bzw. Messbarkeit des Zielerreichens
- *A= Akzeptabel*: „Das Handlungsziel steht in einem Zusammenhang zu übergeordneten Leitzielen und Werthaltungen in der Organisation." (Merchel, 2001, S. 101)
- *R= realistisch*: Erreichbarkeit des Zieles innerhalb der Rahmenbedingungen
- *T= Terminiert*: Verbindliche Zeitpunkte zum Erreichen des Zieles festlegen

Neben den üblichen Gütekriterien der Forschung (Validität, Reliabilität, Repräsentativität und Verallgemeinerbarkeit) wird bei der internen Evaluation auf fünf Aspekte gesetzt: *Plausibilität, Nachvollziehbarkeit, Relevanz, Effizienz und Flexiblität.* Bei der Selbstevaluation steht nicht die gesamte Organisation im Blick, sondern nur ein Teilbereich, nämlich der der angewendeten Fachlichkeit. Dieser beruht auf einem

dialogischen Prinzip. Bewertend kann aber gesagt werden, dass die interne Evaluation zur kontinuierlichen Qualitätsverbesserung einer Einrichtung beiträgt. Es werden zwar, wie schon erwähnt, nur Teilbereiche einer Organisation angesprochen, aber die Mitarbeiter selbst werden, als wesentliche Akteure der Qualitätsentwicklung, beteiligt und aktiviert. Dadurch kann die professionelle Haltung der Mitarbeiter gefördert und ein lediglich „Überstülpen" von QM- Standards verhindert werden. Die interne Evaluation kann ein wesentliches Kriterium für die selbstbestimmte Praxisgestaltung und Erhaltung der Autonomie der einzelnen Fachkräfte sein, aber ist nicht multiperspektivisch angelegt. Neben der Überforderung der eigenen Mitarbeiter im Alltagsprozess birgt Selbstevaluation aber ebenso die Gefahr des „routinisierten Selbstbetrugs" (Koch, 2000, zit. n. Merchel 2001, S.107). Nur durch die reflektierte Anwendung der Evaluationsakteure kann die Einseitigkeit des Ansatzes reduziert werden (Vgl. Merchel, 2000, S. 100ff).

5. QM-EIN PATENTREZEPT?

In vorausgegangenen Kapiteln sollte deutlicher geworden sein, welche Grundgedanken die einzeln angesprochenen QM-Konzepte und Systeme beinhalten. Jedoch sollte, je nach Organisation, ebenso klar geworden sein, dass tragfähige Konzepte nie spezifisch auf die Einrichtungen der Sozialen Arbeit (auch durch allein fachliche Divergenzen) gänzlich übertragbar sind. Dazu müsste jeweils ein eigenes Verfahren entwickelt werden. QM kann verbessern und, auf die individuelle Einrichtung übersetzt, dazu anregen, spezifische Formen von Konzepten der Qualitätsverbesserung zu entwickeln, aber nie als Patentrezept dienen.

6. PROFESSIONALITÄT DURCH ZUSAMMENSPIEL ORGANISATION/FACHKRAFT

Professionalität „...nicht nur ein Ergebnis von individuellem Engagement und individueller Handlungskompetenz, sondern auch das Resultat der Leistungsfähigkeit und Unterstützung durch Organisationen." (Heiner 2010, S.219)

Das heißt, dass Professionalität nur durch das Zusammenspiel der Fachkräfte und der Organisationen definiert wird. Heiner (2010) reflektiert dabei kritisch die Tendenz der Trägerorganisationen zu normierten, standardisierten Vorgehensweisen, die mit Erstarrung, Abkapselung, Selektivität und mangelnder Responsivität verbunden sind.

Hingegen dazu, bringt sie ebenso zum Ausdruck, dass die Organisationen fachliche Unterstützung und Orientierung bieten und zur Entlastung der Mitarbeiter beitragen können, wenn entsprechende Rahmenbedingungen (Professionalität der Leitung, weitere Professionssysteme, wie Fachverbände, Berufsverbände, Fortbildungs-akademien etc.) gegeben sind (Vgl. Heiner, 2010, S 219). Heiner 2010 vergleicht in diesem Zusammenhang die Stellung der Organisationen mit einem „Janusgesicht". Dies verweist auch wiederum auf ein „gutes" Qualitäts- bzw. Sozialmanagement.

7. CHANCEN UND RISIKEN VON QM FÜR DIE SOZIALE ARBEIT

Es sollte deutlich geworden sein, dass die Soziale Arbeit dazu angehalten wird, sich stärker am Qualitätsbegriff zu orientieren. Qualität schließt daran an, den bestehenden Wunsch nach besserem fachlichem Handeln zu verwirklichen, aber fordert dabei ebenso eine neue perspektivische Ausrichtung der Organisation (Konkurrenz, Wettbewerb etc.). In wie fern ist Qualitätsmanagement als solche zu bewerten? Welche Chancen und Risiken birgt es?

7.1 CHANCEN

Aus ökonomischer und auch aus sozialpolitischer Sicht sind mit QM sicherlich viele *Kosteneinsparungen* möglich, die unter dem zunehmenden Kostendruck der wirtschaftlichen Begebenheiten gelöst werden können. Die Öffentlichkeit fordert und zwingt zugleich die Soziale Arbeit, dadurch dass größtenteils Steuergelder zur Verfügung gestellt werden, zu einem sparsameren Umgang mit finanziellen Ressourcen. Neben dieser grundlegenden Tatsache muss auch erwähnt werden, dass sich, aus marktwirtschaftlicher Sicht, NutzerInnen der Dienstleistung zunehmend Anbieter aussuchen, die ihnen die beste Qualität bieten. Die AdressatInnen sind somit als qualitätssteuernde KundInnen zu verstehen, die Einfluss nehmen darauf, welches Produkt sich auf dem Markt durchsetzt. Die Markt- und Wettbewerbsorientierung der Sozialen Arbeit kann in diesen Zusammenhängen als Chance verstanden werden. Dadurch, dass sich stärker an den KundInnen oder NutzerInnen der Dienstleistung orientiert wird und jene als KoproduzentInnen der Dienstleistung gesehen werden, kann dies zu einer erhöhten Aufmerksamkeit führen, welche sich in verbesserter Struktur- und Prozessqualität ausdrücken kann. Über verschiedene QM Konzepte, speziell über die Dokumentation und institutionalisierten Formen der Evaluierung kann sich die

Soziale Arbeit gegenüber der Öffentlichkeit legitimieren und deutlichere Nachweise über die Wirksamkeit der Arbeit erbringen (Vgl. Flock, 2003, S.4).

Aus Sicht der Fachkräfte können QM Konzepte Orientierung bieten und Anhaltspunkte geben, die die eigentliche Arbeit erleichtern, wenn sie auf die jeweilige Institution „übersetzt" werden können. Vergleiche mit anderen Einrichtungen/ Bereichen, wie beim Benchmarking, ermöglichen eine stärkere Reflexion und liefern Informationen auf die Positionierung auf dem Markt. Ebenso können dadurch neue Impulse gegeben werden. Über interne Evaluationen besteht die Möglichkeit als Fachkraft selbst Einfluss auf die Qualität der Arbeit zu nehmen und die Autonomie zu erhalten, die durch Standardisierung genommen werden kann.

„Meinhold (1998) beispielsweise vertritt die Auffassung, die Verpflichtung zur Institutionalisierung von Qualitätssicherungsverfahren habe in der Regel *Professionalisierungsschübe* erzeugt, da sie geeignet seien, Routinen aufzubrechen und Konzepte auf ihre Wirkung (Effektivität) hin zu überprüfen." (Flock, 2003, S.4f)

7.2 RISIKEN

Neben den Chancen, die QM in sich birgt, sind Risiken zu erkennen, die immer im Kontext der Marktausrichtung bzw. der Einsparungspolitik zu sehen sind. Der hohe bürokratische Aufwand der gängigen QM-Systeme, der oftmals den Fachkräften der Sozialen Arbeit die Zeit raubt und dadurch die Zeit für die KlientInnen selbst streicht, steht nicht immer im angemessenen Verhältnis zum eigentlichen Nutzen. Das Problem der Qualitätsbemessung ist nicht wirklich gelöst, da nur Teilbereiche beschrieben werden können (Siehe Kapitel 3.1). Auf die Definition von Qualität Sozialer Arbeit nehmen ebenso die KlientInnen Einfluss. Die Einbeziehung derer erweist sich durchaus schwierig.

Die Soziale Arbeit entzieht sich jeglichen Standardisierungsversuchen, da sie oftmals mit sehr komplexen Problemstellungen zu tun hat. Standardisierungen wirken hierbei meist kontraproduktiv, da sie die Autonomie des Professionellen meist untergraben. Das bedeutet wiederum die Einschränkung in der Handlungsweise des Professionellen, die sich oftmals flexibel gestalten muss. Maßnahmen und Mittel zur Krisenbewältigung ergeben sich hierbei oft aus der „Autonomie der Lebenspraxis" (Flock, 2003, S.4).

Die Ökonomisierungstendenzen haben Auswirkungen auf die professionelle Identität. (Vgl. Albert, 2006, S. 91) Rationalisierung kann zur Deprofessionalisierung führen, dadurch dass zum Beispiel weniger qualifiziertes Personal beschäftigt wird. Da die Soziale Arbeit eine personengebundene Dienstleistung darstellt, kann diese Entwicklung prognostisch zu einer Beschäftigung von billigeren Arbeitskräften (Ehrenamtliche oder Angelernte) und dem Abbau von Tarifvereinbarungen führen. „Personaleinsparungen verändern aber die Einstellungen und Verhaltensweisen im Berufsbereich erheblich und haben Auswirkungen auf die Qualität der Arbeit." (Albert, 2006, S.91)

Wenn der Fokus auf Kosteneinsparungen gelegt wird, führt dies zur sogenannten „Deregulierung von Arbeitsverhältnissen", was wiederum bedeutet, dass sich machtspezifische Konflikte ausbilden. Die Belegschaft wird gespalten in Festangestellte und befristete Arbeitskräfte. Manager und das fachliche Leitungspersonal erhalten dabei die unbefristeten Arbeitsverträge, welche in wirtschaftlichen Problemsituationen immer auf die Maßnahme ausweichen werden, befristeten Arbeitskräften ihre Verträge nicht zu verlängern. Dabei wächst die Anspannung im Team und es kommt zu Motivationsverlusten derer, die nicht unbefristet eingestellt worden sind. Der Arbeitsplatz stellt keinen Zukunftsgarant dar, dadurch kommt es zu erzwungenen Wechseln der Arbeitsplätze und fehlender Identifikation mit der Institution. Die Folge davon kann eine Beschäftigung von professionsfremden Leitungskräften mit sich ziehen. Leistungsanforderungen wachsen, aber weniger Einarbeitungszeit wird gegeben. Präventive Konzepte innerhalb der QM Systeme geraten, aufgrund der Überprüfbarkeit, zunehmend aus dem Blick (Vgl. Flock, 2003, S.5).

8. Fazit

Die Modifizierung Sozialer Arbeit durch QM kann nur über eine spezifische Ausrichtung im Kontext der jeweiligen Einrichtung erfolgen. Dazu müssen QM-Maßstäbe auf die Institution konkret übersetzt werden. Viele QM- Systeme sind, da sie aus anderen Bereichen stammen, noch nicht gänzlich auf die Soziale Arbeit übertragbar. Im Zuge der Einsparungszwänge der Sozialpolitik und der zunehmenden Wettbewerbsorientierung, auch auf dem globalen Markt, ist die Soziale Arbeit dazu angehalten effektiver und effizienter zu agieren. Dies kann als Chance und Schicksal zugleich verstanden werden. Im Versuch diese schicksalhafte Entwicklung positiv umzudeuten, kann diese sogenannte Professionalisierungsschübe hervorrufen, negativ umgedeutet, kann die Entwicklung zur Deprofessionalisierung Sozialer Arbeit führen. Soziale Arbeit muss mehrdimensional betrachtet werden. Hochkomplexe Problemthemen entziehen sich den meisten Standardisierungsversuchen, zumindest auf methodisch-fachlicher Ebene. Die Humandienstleistung Sozialer Arbeit, als eine von Abhängigkeiten bestimmte Profession, die nach ökonomischen, institutionellen und sozialrechtlichen Rahmenbedingungen agiert, muss andererseits ebenso nach ethischen Grundsätzen handeln. Durch den zunehmenden Legitimationsdruck öffentlicher Dienstleistungsanbieter und aufgrund von Subventionsstreichungen (Zum Beispiel Aufhebung des Selbstkostendeckungsprinzips) wird die Soziale Arbeit herausgefordert sich nach außen zu behaupten, um nicht nur finanzielle Mittel zu akquirieren. Nachweise über die Wirksamkeit Sozialer Arbeit werden stärker gefordert und sollen dazu dienen Soziale Arbeit über Dokumentationen sichtbarer zu machen. Die Abbildung jener erweist sich aber durchaus schwierig. Qualität als solche, muss in der Sozialen Arbeit differenziert betrachtet werden. Abläufe und Prozesse innerhalb der Organisation lassen sich durchaus strukturieren, im Hinblick auf die Ergebnisqualität jedoch weniger beeinflussen, weil der Mensch als solches selbstbestimmend handelt. QM gelangt hierbei an seine Grenzen. Professionalität erfolgt im Zusammenspiel von Organisation und Fachkraft. Zu starke „Fesseln" durch Standards schnüren die Autonomie des Professionellen ein und verlieren ebenso den Blick auf die KlientInnen. Es müssen Handlungsspielräume gegeben sein, sowohl institutionell, als auch von Seiten der Fachkraft. QM auf fachlicher Ebene sollte im Dialog erfolgen, abänderbar sein und empirische Daten liefern, um Eventualitäten verbessern können.

Festschreibungen verhindern die flexible Handlungsweise in unterschiedlichsten Aufgabenfeldern. Professionsfremde Leitungskräfte müssen sich mit der Materie der Sozialen Arbeit und ihrer Sinnbestimmung näher auseinander setzen. „Gutes QM" bezieht alle diese Faktoren mit ein. Zudem muss ein „Lernen" von allen Seiten ermöglicht werden.

„Lernen ist wie Paddeln gegen den Strom, hört man damit auf, wird man zurückgetrieben."

Literaturverzeichnis

Albert M. (2006). *Soziale Arbeit im Wandel. Professionelle Identität zwischen Ökonomisierung und ethischer Verantwortung.* Hamburg: VSA-Verlag

Braun H. (2004). Wirtschaftlichkeit und Qualitätsentwicklung in sozialen Diensten. In Peterander & Speck (Hrsg.), *Qualitätsmanagement in sozialen Einrichtungen 2. Aufl. (S. 31-43).* München: Ernst Reinhardt Verlag

Flock W. (2003). *Vortrag zur Qualitätsentwicklung/ Soziale Arbeit in Lüneburg 2003.* Zugriff am 05.01.2013. Verfügbar unter: http://bagprax.sw.fh-jena.de/data/ publikationen/lag/qualitaetsmanagement_sa.pdf

Flösser G. (2005). Qualität. In Hans Uwe Otto & Hans Thiersch (Hrsg.), *Handbuch für Sozial Arbeit/ Sozialpädagogik 3. Aufl. (S. 1462-1468).* Wiesbaden: Ernst Reinhardt.

Kohlscheen N. (2011). DIN EN ISO 9001. *Lexikon der Sozialen Arbeit 7.Aufl. (S.194-195).* Baden-Baden: Nomos Verlag

Kuhn- Friedrich A. (2011). Qualitätsmanagement. *Lexikon der Sozialen Arbeit 7.Aufl. (S.685- 687).* Baden-Baden: Nomos Verlag

Merchel, J. (2001). *Qualitätsmanagement in der Sozialen Arbeit.* Münster: Votum Verlag

Reimann, A. (2012). Qualitätssicherung aus Sicht der Rehabilitationsträger. In Schriftenreihe des Deutschen Sozialrechtsverbandes (Hrsg.) , *Qualitätssicherung im Sozialrecht (S.53-80).* Berlin: Erich Schmidt Verlag

Zink K. J./ Seibert S. (2011). *Lexikon der Sozialen Arbeit 7.Aufl. (S.204- 205).* Baden-Baden: Nomos Verlag